Madonna con Bambino. Dal Medioevo al Rinascimento

Quando venne la pienezza del tempo, Dio mandò il suo Figlio, nato da donna, nato sotto la legge, per riscattare coloro che erano sotto la legge, perché ricevessimo l'adozione a figli

(Gal4, 4-5).

Madonna con Bambino

Dal Medioevo al Rinascimento

A cura di Angela Passannanti © 2019

Tutti le immagini pubblicati in questo volume appartengono al pubblico dominio e possono essere riprodotte. Nessuna immagine è protetta dal diritto d'autore.

La cura del volume è protetta dai diritti di autore. Non è permesso vendere, distribuire, modificare, trasmettere, riutilizzare, o ripubblicare questo volume su supporto cartaceo o sul web.

Vortex Press

Oxford. UK

Madonna con Bambino. Dal Medioevo al Rinascimento

Madonna con Bambino. Dal Medioevo al Rinascimento

Madonna con Bambino. Dal Medioevo al Rinascimento

Madonna con Bambino. Dal Medioevo al Rinascimento

Madonna con Bambino. Dal Medioevo al Rinascimento

Madonna con Bambino. Dal Medioevo al Rinascimento

Madonna con Bambino. Dal Medioevo al Rinascimento

Madonna con Bambino. Dal Medioevo al Rinascimento

Madonna con Bambino. Dal Medioevo al Rinascimento

Madonna con Bambino. Dal Medioevo al Rinascimento

Madonna con Bambino. Dal Medioevo al Rinascimento

Madonna con Bambino. Dal Medioevo al Rinascimento

Madonna con Bambino. Dal Medioevo al Rinascimento

Madonna con Bambino. Dal Medioevo al Rinascimento

Madonna con Bambino. Dal Medioevo al Rinascimento

Madonna con Bambino. Dal Medioevo al Rinascimento

Madonna con Bambino. Dal Medioevo al Rinascimento

Madonna con Bambino. Dal Medioevo al Rinascimento

Madonna con Bambino. Dal Medioevo al Rinascimento

Madonna con Bambino. Dal Medioevo al Rinascimento

Madonna con Bambino. Dal Medioevo al Rinascimento

Madonna con Bambino. Dal Medioevo al Rinascimento

Madonna con Bambino. Dal Medioevo al Rinascimento

Madonna con Bambino. Dal Medioevo al Rinascimento

Madonna con Bambino. Dal Medioevo al Rinascimento

Madonna con Bambino. Dal Medioevo al Rinascimento

Madonna con Bambino. Dal Medioevo al Rinascimento

Madonna con Bambino. Dal Medioevo al Rinascimento

Madonna con Bambino. Dal Medioevo al Rinascimento

Madonna con Bambino. Dal Medioevo al Rinascimento

Madonna con Bambino. Dal Medioevo al Rinascimento

Madonna con Bambino. Dal Medioevo al Rinascimento

Madonna con Bambino. Dal Medioevo al Rinascimento

Madonna con Bambino. Dal Medioevo al Rinascimento

Madonna con Bambino. Dal Medioevo al Rinascimento

Madonna con Bambino. Dal Medioevo al Rinascimento

Madonna con Bambino. Dal Medioevo al Rinascimento

Madonna con Bambino. Dal Medioevo al Rinascimento

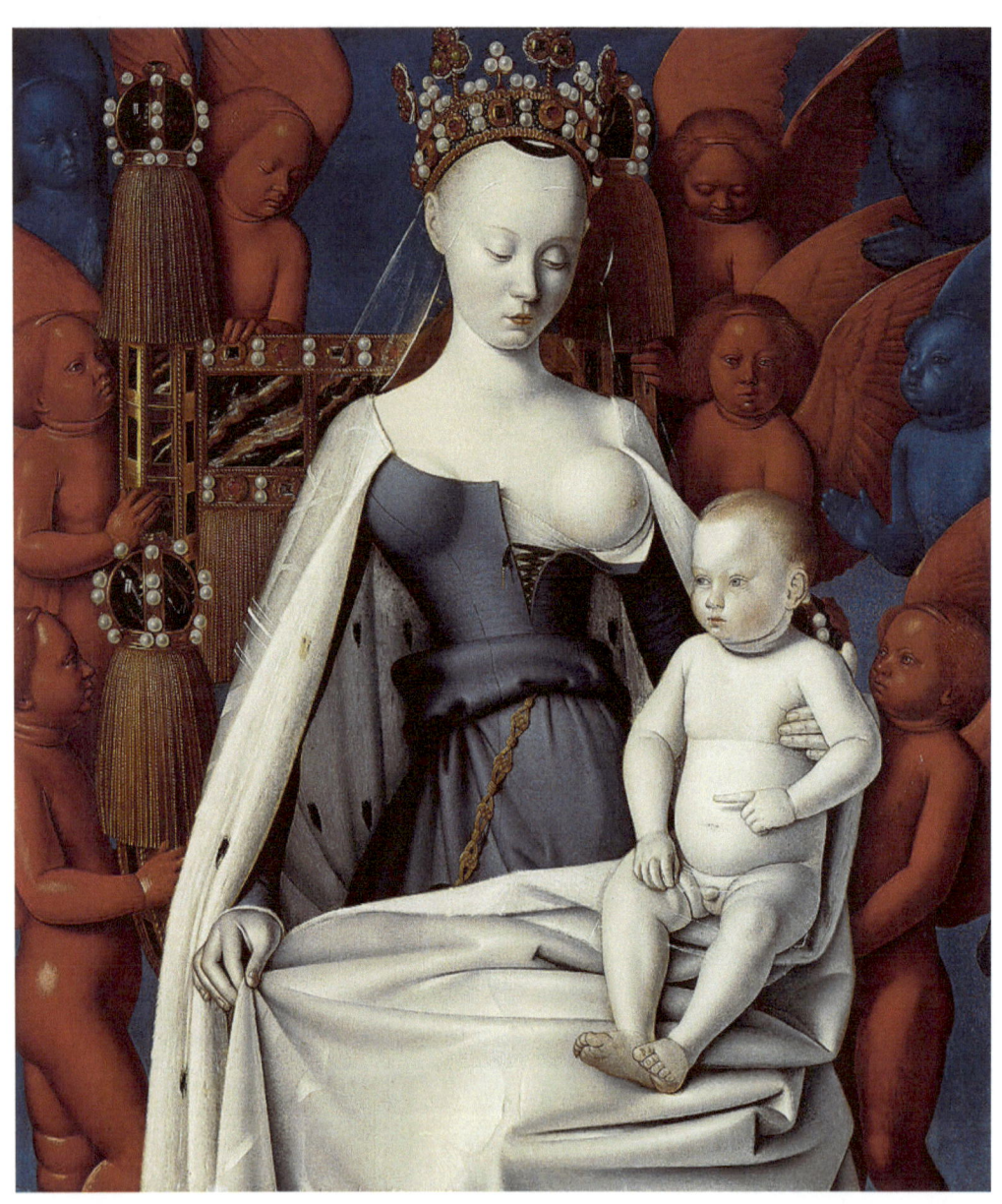

Madonna con Bambino. Dal Medioevo al Rinascimento

Madonna con Bambino. Dal Medioevo al Rinascimento

Madonna con Bambino. Dal Medioevo al Rinascimento

Madonna con Bambino. Dal Medioevo al Rinascimento

Madonna con Bambino. Dal Medioevo al Rinascimento

Dalle *Visioni* della Beata Anna Caterina Emmerick

LA NASCITA DI GESÙ

"La Santa Vergine annunciò al suo sposo che a mezzanotte si sarebbero compiuti i nove mesi dal momento in cui fu concepito il Santo Figlio e l'Angelo l'aveva salutata Madre di Dio. Ciò detto, Maria pregò Giuseppe di fare da parte sua tutto quanto fosse possibile affinché il Fanciullo promesso da Dio e concepito in modo soprannaturale venisse ricevuto con tutto l'onore possibile.

Inoltre lo esortò ad unirsi a Lei nelle preghiere ardenti per intercedere la misericordia di Dio verso quei duri di cuore che le avevano negato l'ospitalità. [...] Poi Giuseppe si recò in città per fare altri acquisti, nonché uno sgabello, frutta secca, pani e dell'uva appassita, e ritornò nella Grotta del Presepio dove trovò la Santa Vergine distesa sul suo giaciglio. Giuseppe cucinò, e così pregarono e mangiarono in comunione.

Siccome il momento del prodigioso evento si avvicinava, il sant'uomo separò la propria cella dal resto della grotta; questo lo fece con alcuni pali ai quali appese delle stuoie. Poi diede da mangiare all'asino che aveva legato vicino alla porta. [...] Appena rientrato, il sant'uomo fu avvolto da una luce celeste soprannaturale. Allora vide la Madonna genuflessa e aureolata di raggi luminosi; pregava in ginocchio sul suo giaciglio col viso rivolto a oriente e la schiena verso l'ingresso. La caverna era interamente illuminata da questa luce intensa.

Giuseppe contemplò la scena come una volta Mosè aveva fatto con il roveto ardente; poi, entrato con santo timore nella cella, si gettò proteso sul terreno e si immerse nella preghiera più devota.

Lo splendore che irradiava la Santa Vergine diveniva sempre più fulgido, tanto da annullare il chiarore delle lampade accese da Giuseppe. La Madonna, inginocchiata sulla sua stuoia, teneva il viso rivolto ad oriente.
Un'ampia tunica candida priva di ogni legame cadeva in larghe pieghe intorno al suo corpo.

Alla dodicesima ora fu rapita dall'estasi della preghiera, teneva le mani incrociate sul petto. Vidi allora il suo corpo elevarsi dal suolo. Frattanto la grotta si illuminava sempre più, fino a che la Beata Vergine fu avvolta tutta, con tutte le cose, in uno splendore d'infinita magnificenza. Questa scena irradiava tanta grazia divina che non sono in grado di descriverla. Vidi Maria Santissima assorta nel rapimento per qualche tempo, poi la vidi ricoprire attentamente con un panno una piccola figura uscita dallo splendore radioso, senza toccarla, né sollevarla. Dopo un certo tempo vidi il Bambinello muoversi e lo udii piangere.

Mi sembrò che allora Maria Santissima, sempre Vergine, ritornando in se stessa, sollevasse il Bambino e l'avvolgesse nel panno di cui l'aveva ricoperto. Alzatolo dalla stuoia, lo strinse al petto. Sedutasi, la Madonna si avvolse col Fanciullo nel velo e col suo santo latte nutrì il Redentore. Vidi una fitta schiera di figure angeliche nelle spoglie umane genuflettersi al suolo e adorare il Neonato divino; erano sei Cori angelici entro un alone di fulgida luce abbagliante. Un'ora circa dopo il parto, Maria chiamò Giuseppe, che se ne stava ancora assorto in preghiera. Lo vidi avvicinarsi e protendersi umilmente, mentre guardava in modo gioioso e devoto il Bambino divino. Solo quando la Santa Consorte gli ripetè di stringere al cuore con piena riconoscenza il dono dell'Altissimo, egli prese il Bambino tra le braccia e lodò il Signore con lacrime di gioia...".

Madonna con Bambino. Dal Medioevo al Rinascimento

Madonna con Bambino. Dal Medioevo al Rinascimento

Finito di stampare da
Vortex Press Oxford
il 26 aprile del 2919.

www.ingramcontent.com/pod-product-compliance
Lightning Source LLC
Chambersburg PA
CBHW042014150426
43196CB00002B/42